Der Nussknacker

Bearbeitet von **Alessandra Liberati** und **Marcella De Meglio**

Illustriert von **Anna** und **Elena Balbusso**

Redaktion: Alessandra Liberati, Marcella De Meglio
Künstlerische Leitung und Gestaltungskonzept: Nadia Maestri
Computerlayout: Carla Devoto
Bildbeschaffung: Laura Lagomarsino

© 2011 Cideb

Erstausgabe: Januar 2011

Fotonachweis:
Cideb Archiv; De Agostini Picture Library: 4, 5; CAMERA
PRESS/ © Nigel Norrington / CONTRASTO: 6; © Hub / laif /
CONTRASTO; © iStockphoto.com / aschaeffer: 29; © Kati
Neudert / Dreamstime.com: 54.

Trotz intensiver Bemühungen konnten nicht alle Inhaber von
Text- und Bildrechten ausfindig gemacht werden. Für
entsprechende Hinweise ist der Verlag dankbar.

Wir würden uns freuen, von Ihnen zu erfahren, ob Ihnen
dieses Buch gefallen hat. Wenn Sie uns Ihre Eindrücke
mitteilen oder Verbesserungsvorschläge machen möchten,
oder wenn Sie Informationen über unsere Verlagsproduktion
wünschen, schreiben Sie bitte an:
info@blackcat-cideb.com
blackcat-cideb.com

The Publisher is certified by

 CISQCERT

in compliance with the UNI EN ISO 9001:2008
standards for the activities of «Design and
production of educational materials»
(certificate no. 02.565)

ISBN 978-88-530-0981-4   Buch + CD

Gedruckt in Genua, Italien, bei Litoprint

Inhalt

 Die CD enthält den vollständigen Text.

E.T.A. Hoffmann (1776-1822), *Selbstporträt.*

Hoffmann und Tschaikowski

E.T.A. Hoffmann

Nußknacker [1] *und Mausekönig* ist ein Weihnachtsmärchen von E.T.A. Hoffmann. Er schreibt das Märchen 1816 in Berlin. Die Geschichte spielt in Deutschland, in einer Familie in Nürnberg. Der Autor erzählt von dem Abenteuer von Marie und Fritz, den Kindern von seinem Freund Hitzig. Das Märchen ist in der ganzen Welt berühmt. Kinder und Erwachsene können es lesen.

Name: Ernst Theodor Amadeus Hoffmann

Geboren: 24. Januar 1776 in Königsberg

Beruf: Musiker, Komponist, Schriftsteller

Meisterwerk: *Nußknacker und Mausekönig* (1816)

Andere Geschichten: *Der goldne Topf* (1814), *Der Sandmann* (1816)

Gestorben: 25. Juni 1822 in Berlin

1.   **r Nußknacker:** heute Nussknacker.

Pjotr Iljitsch Tschaikowski (1840-1893).

Pjotr Iljitsch Tschaikowski

Auf der Geschichte *Nußknacker und Mausekönig* basieren die Version von Alexandre Dumas und das berühmte [2] Ballett von Pjotr Iljitsch Tschaikowski *Der Nußknacker*. Es hat am 6. Dezember 1892 in Sankt Petersburg Premiere. Viele Theater und Opernhäuser führen es um die Weihnachtszeit auf [3]. In der Version von Dumas heißt Marie „Clara".

Name: Pjotr Iljitsch Tschaikowski

Geboren: 7. Mai 1840 in Kamsko-Wotkinski Sawod

Beruf: Musiker, Komponist

Meisterwerk: *Der Schwanensee* (1877)

Andere Ballette: *Dornröschen* (1890), *Der Nußknacker* (1892)

Gestorben: 6. November 1893 in Sankt Petersburg

2. **berühmt**: populär.

3. **aufführen**: inszenieren.

Das Ensemble des English National Ballet in einer Szene vom *Nussknacker* am London Coliseum.

Fragen zum **Text**

1 Was ist richtig (R), was ist falsch (F)?

	R	F
1	1814 schreibt Hoffmann *Nußknacker und Mausekönig*.	☐	☐
2	Hoffmann ist in Berlin geboren.	☐	☐
3	Hoffmann ist Schriftsteller.	☐	☐
4	Das Ballett *Der Nußknacker* ist sehr berühmt.	☐	☐
5	1816 komponiert Tschaikowski *Der Sandmann*.	☐	☐
6	Tschaikowski stirbt in Sankt Petersburg.	☐	☐

Darsteller

Von links nach rechts, von oben nach unten: **Onkel Drosselmeyer, Fritz, Clara, der Nussknacker, der Prinz**.

Heiligabend

eute ist der 24. Dezember, Heiligabend, in  Nürnberg, und es ist sehr kalt. Auf den Dächern und den Straßen liegt Schnee. Überall gibt es Märkte mit Spielzeug, Schmuck [1] und Weihnachtssüßigkeiten. Die Leute kaufen Geschenke für Freunde und Verwandte. Die Ladenhändler haben die Fenster mit Weihnachtsdekorationen geschmückt. Die Kinder singen Weihnachtslieder in den Straßen.

Familie Stahlbaum wohnt in Nürnberg, und bei ihr zuhause ist alles so weit fertig für das Weihnachtsfest. Im Wohnzimmer steht der Tannenbaum mit Kerzen, Kugeln, Perlenketten und Weihnachtsfiguren. Unter dem Baum liegen die Geschenke; die Schachteln sind bunt, manche sind groß und andere klein.

Fritz und Clara Stahlbaum sind Bruder und Schwester. Clara ist schön; ihre Haare sind lang und braun, und ihre Augen sind blau. Sie liebt Puppen und hat sehr viele. Fritz ist groß; seine

---

1. **r Schmuck**: Dekorationen.

Haare sind blond, und seine Augen sind braun. Er liebt Spielzeugsoldaten und spielt oft mit ihnen. Die Geschwister sind aufgeregt und freuen sich auf die Bescherung[2].

„Bald ist die Bescherung", sagt Clara zufrieden. „Die Gäste sind schon da."

„Ja", antwortet Fritz. „Schau mal, auf dem Tisch gibt es einen Teller mit Keksen, ein Tablett mit Süßigkeiten und Obst und einen Teller mit Weihnachtskuchen."

„Wo ist Onkel Drosselmeyer?", fragt Clara. „Ich sehe ihn nicht."

„Es ist noch früh, Clara", antwortet Fritz.

Herr Drosselmeyer ist ein Freund von der Familie, und die Kinder nennen ihn Onkel Drosselmeyer. Er ist sehr groß und dünn, und seine Beine sind sehr lang. Seine Haare sind weiß, und seine Nase ist lang. Er trägt eine Augenklappe[3]. Alle lieben Onkel Drosselmeyer; er ist klug und kann Spielsachen bauen. Sein Spielzeug und seine Uhren sind magisch. Es klingelt; Clara und Fritz rennen zur Tür, aber es ist nicht Herr Drosselmeyer.

„Wo ist denn Onkel Drosselmeyer?", fragt Fritz. „Es ist fast sieben Uhr!"

„Warum kommt er so spät?", fragt Clara.

„Er muss zur Bescherung kommen", sagt Fritz und schaut zur Tür. „Er bringt uns Geschenke, und seine Spielsachen sind magisch."

Viele Gäste nehmen am Fest teil[4]. Alle sind elegant gekleidet. Man musiziert und die Leute tanzen. Man unterhält sich und lacht. Alle bewundern den Weihnachtsbaum. Die Kinder sausen[5]

---

2. **e Bescherung(en)**: die Kinder bekommen ihre Geschenke.
3. **e Augenklappe(n)**: ein Stück Stoff verdeckt das Auge.
4. **teilnehmen**: zum Fest kommen.
5. **sausen**: schnell laufen.

um den Baum und sind fröhlich. Aber Onkel Drosselmeyer ist nicht da. Plötzlich klingelt es. Clara und Fritz rennen zur Tür.

„Es ist Onkel Drosselmeyer!", ruft Clara und hüpft ganz aufgeregt.

„Er ist da!", freut sich Fritz.

Onkel Drosselmeyer steht vor der Tür und lächelt den Kindern freundlich zu. Er trägt einen Mantel und hat viele Geschenke bei sich.

„Guten Abend!", sagt Onkel Drosselmeyer.

Herr und Frau Stahlbaum und die Gäste antworten: „Herzlich willkommen zum Fest, Herr Drosselmeyer!"

„Vielen Dank", sagt Onkel Drosselmeyer. „Es ist sehr kalt heute Abend! Der Wind weht und es schneit. Aber hier drinnen ist es warm und gemütlich."

Dann schaut er Clara und Fritz an und sagt: „Ich habe viele Überraschungen für euch! Eine große Freude für euch Kinder. Gehen wir ins Wohnzimmer. Ich bringe Geschenke für alle!"

„Sie sind immer so nett", sagt Frau Stahlbaum und lächelt.

Clara und Fritz laufen ins Wohnzimmer, und Onkel Drosselmeyer folgt ihnen.

Er betrachtet den Tannenbaum und sagt: „Euer Weihnachtsbaum ist sehr schön!"

„Haben Sie zuhause auch einen Weihnachtsbaum?", fragt Clara.

„Ja, aber mein Baum ist sehr klein", antwortet Herr Drosselmeyer.

Was steht **im Text?**

Textverständnis

1 Was ist richtig (R), was ist falsch (F)? Was weißt du nicht (WN)?

	R	F	WN
1 Es ist Winter in Nürnberg.	☐	☐	☐
2 Drei Kinder singen Weihnachtslieder in den Straßen.	☐	☐	☐
3 Familie Stahlbaum wohnt in Nürnberg.	☐	☐	☐
4 Bei Familie Stahlbaum gibt es keine Gäste.	☐	☐	☐
5 Auf dem Tisch gibt es viel zu essen.	☐	☐	☐
6 Kinder lesen Bücher unter dem Weihnachtsbaum.	☐	☐	☐
7 Onkel Drosselmeyer kommt um acht Uhr.	☐	☐	☐
8 Er bringt Geschenke für alle.	☐	☐	☐

Grammatik

2 Lokale Präpositionen. Ergänze.

1 .... den Straßen liegt Schnee.
2 .... Wohnzimmer steht der Tannenbaum.
3 Die Kinder rennen .... Tür.
4 Die Kinder sausen .... den Baum.
5 Onkel Drosselmeyer steht .... der Tür.
6 Sie gehen .... Wohnzimmer.
7 Familie Stahlbaum wohnt .... Nürnberg.
8 Onkel Drosselmeyer muss .... Bescherung kommen.

3 Das Verb „geben". Ergänze die Tabelle.

ich	gebe	wir	
du		ihr	
er/sie/es		sie/Sie	geben

4 Es gibt + Akkusativ. Füge das richtige Wort ein.

> viele Gäste   es   gibt   Gibt
> Geschenke   Obst   zuhause   einen

1   Auf dem Tisch .... es einen Teller mit Keksen.

2   Überall gibt .... Märkte mit Spielzeug, Schmuck und Süßigkeiten.

3   Es gibt .... unter dem Baum.

4   Es gibt .... heute Abend.

5   .... es keine Kekse mehr?

6   Gibt es .... auf dem Tisch?

7   In der Ecke gibt es .... Weihnachtsbaum mit Kerzen, Kugeln und Perlenketten.

8   Was gibt es bei dir .... an Weihnachten zu essen?

5 Verben konjugieren. Füge den richtigen Vokal ein.

1   Es g.....bt viel zu essen. (*geben*)

2   Zu Weihnachten k.....ft man Geschenke. (*kaufen*)

3   Familie Stahlbaum w.....hnt in Nürnberg. (*wohnen*)

4   Unter dem Baum l.....gen die Geschenke. (*liegen*)

5   Onkel Drosselmeyer tr.....gt eine Augenklappe. (*tragen*)

6   Fritz sp.....lt mit Spielzeugsoldaten. (*spielen*)

7   „Guten Abend!", s.....gt Onkel Drosselmeyer. (*sagen*)

8   Man unterh.....lt sich und l.....cht. (*unterhalten, lachen*)

9   Fritz l.....ft ins Wohnzimmer. (*laufen*)

10   Er l.....st ein Buch. (*lesen*)

Wortschatz

6 Leute beschreiben. Füge das richtige Wort ein.

> blau klug weiß lang (x3) groß (x2) Puppen dünn
> schön braun (x2) blond Spielsachen Spielzeugsoldaten

Clara

1 Ihre Augen sind ....

2 Ihre Haare sind .... und

....

3 Sie ist ....

4 Sie liebt ....

Fritz

5 Seine Augen sind ....

6 Seine Haare sind ....

7 Er ist ....

8 Er liebt ....

Onkel Drosselmeyer

9 Er ist sehr .... und

....

10 Seine Beine sind sehr ....

11 Seine Haare sind ....

12 Seine Nase ist ....

13 Er ist ....

14 Er kann .... bauen.

7 Was macht man an Weihnachten? Mehrere Kombinationen sind möglich! Ergänze.

> ...zeug   Weihnachts...(x3)   ...bescherung   ...sachen
> ...lieder   Tannen...   ...markt   Pfeffer...

1   Man schenkt den Kindern Spiel........................ / ....
2   Sie bekommen ihre Geschenke bei der Weihnachts........................ .
3   Man schmückt den .... / ....baum.
4   Man singt Weihnachts........................ .
5   Man isst ....süßigkeiten und ....kuchen, und besonders in Nürnberg ....kuchen.
6   Man kann das alles auf dem Weihnachts........................ in Nürnberg kaufen.

Hören und verstehen

8 Ein Weihnachtslied. Sind die Aussagen richtig (R) oder falsch (F)? Hör zu und kreuze an.

		R	F
1	Im Frühling ist der Tannenbaum grün.	☐	☐
2	Im Winter ist der Tannenbaum grün.	☐	☐
3	Die Blätter sind neu.	☐	☐
4	Wenn es schneit, hat der Tannenbaum keine Blätter.	☐	☐
5	Im Sommer sind die Blätter gelb.	☐	☐
6	Der Tannenbaum kann Freude bringen.	☐	☐

Sprich dich aus

9 Schau dir das Bild an. Wo sind die Leute? Was machen sie? Beschreibe kurz das Bild, du kannst die folgenden Wörter benutzen.

- Weihnachtsdekorationen
- Weihnachtslieder
- Spielzeugsoldaten
- Augenklappe
- Schnee

Der Nussknacker

Alle stehen neben dem Weihnachtsbaum und blicken Onkel Drosselmeyer an. Er legt viele Geschenke unter den Baum. Clara und Fritz betrachten sie und sind sehr aufgeregt.

„Ich zeige euch jetzt einige besondere Geschenke", sagt Onkel Drosselmeyer. Er öffnet zwei rote Schachteln und nimmt zwei große Puppen heraus. Sie sind ein Mann und eine Frau. Ihre Kleidung ist festlich. Der Mann trägt einen Anzug, und die Frau hat ein Abendkleid an.

„Sie sind sehr groß!", staunt Clara.

„Sie sehen wie richtige Menschen aus!", sagt Fritz.

„Und nun schaut mal!", sagt Onkel Drosselmeyer. Er dreht den Schlüssel auf dem Puppenrücken und die Puppen fangen an, durch den Raum zu tanzen. Die beiden bewegen sich nach der Musik und alle sind überrascht. Clara und Fritz lachen. Die Musik geht zu Ende, und die Puppen hören auf zu tanzen. Onkel Drosselmeyer legt sie wieder unter den Weihnachtsbaum.

„Und jetzt weiter mit anderen Geschenken", sagt er und schaut Clara, Fritz und die anderen Kinder an.

Claras Herz klopft sehr schnell. Onkel Drosselmeyer verteilt die Geschenke; er hat für alle etwas: für die Mutter und den Vater von Clara, für ihre Cousinen, Tanten und Onkel. Alle sind sehr glücklich.

Onkel Drosselmeyer gibt jetzt Fritz sein Geschenk. Er packt es aus und findet zwanzig Spielzeugsoldaten.

„Oh, Onkel Drosselmeyer", sagt er, "was für ein wunderschönes Geschenk! Ich liebe Spielzeugsoldaten. Sie können meinem Heer beitreten[1]."

Onkel Drosselmeyer schaut Clara an und reicht ihr eine große blaue Schachtel.

„Jetzt bist du dran. Nun kannst du dein Geschenk auspacken, Clara", sagt er.

Clara macht ganz langsam die Schachtel auf, und was findet sie? Einen großen Soldaten aus Holz.

Sie ist überrascht und schaut ihn sich vorsichtig an.

„Er ist ein Nussknacker — ein *magischer* Nussknacker", erklärt Onkel Drosselmeyer.

„Er ist sehr schön", sagt Clara zufrieden.

„Nein, er ist nicht schön", meint Fritz, „Er ist hässlich!"

„Das ist nicht wahr, Fritz!", antwortet Clara. „Er ist sehr schön, und ich liebe ihn. Er ist *mein* Nussknacker."

In der Tat ist der Nussknacker nicht besonders schön, aber Clara ist glücklich.

„Auch der Nussknacker darf zu meinem Heer gehören", sagt Fritz. „Er kann Kapitän Nussknacker sein und meine Truppen anführen!"

---

1. **einem Heer beitreten**: ein Soldat werden.

Er nimmt Clara den großen Soldaten aus der Hand und saust um den Tannenbaum herum. Er springt hin und her und wirft den Nussknacker in die Luft. Alle schauen zu und lachen, aber Clara ärgert sich.

„Dein Kapitän Nussknacker!", ruft Fritz spottend.

„Hör auf, Fritz!", schreit Clara. „Wirf ihn nicht in die Luft! Gib ihn mir zurück! Das ist mein Geschenk!" Sie rennt hinter Fritz her und hält ihn fest. Plötzlich schmeißt [2] Fritz den Nussknacker auf den Boden und... PENG!

Clara betrachtet ihn besorgt!

„Oh, nein! Sein Arm ist gebrochen", sagt sie ärgerlich. „Mein armer Nussknacker! Du bist frech [3], Fritz."

Clara ist sehr böse und fängt an zu weinen.

„Bitte, Clara, hör auf zu weinen!", sagt Onkel Drosselmeyer. „Ich kann seinen Arm in eine Schlinge [4] legen. Vergiss es nicht, er ist ein magischer Nussknacker."

Clara schaut den Onkel an, aber sie hört nicht auf zu weinen.

„Leg jetzt den Nussknacker ins Bett, zusammen mit deinen Puppen", sagt Onkel Drosselmayer. „Er wird wieder gesund."

Clara glaubt dem Onkel nicht, aber sie nimmt den Nussknacker und bringt ihn in die Spielecke im Wohnzimmer. Hier liegen ihre Puppen, die Spielzeugsoldaten von Fritz und andere Spielsachen. Sie legt den Nussknacker neben ihre Lieblingspuppen schlafen.

„Ich hoffe, dass Onkel Drosselmeyer Recht hat", sagt sie traurig. „Gute Nacht, lieber Nussknacker."

---

2. **schmeißen**: werfen.
3. **frech**: impertinent und respektlos.
4. **e Schlinge(n)**: man legt den Arm in ein Stück Stoff, das man hinter dem Kopf zusammenbindet.

Was steht **im Text?**

Textverständnis

1 **Was ist richtig (R), was ist falsch (F)?**

		R	F
1	Onkel Drosselmeyer zeigt keine besonderen Geschenke.	☐	☐
2	Beide Puppen tragen Abendkleider.	☐	☐
3	Beide Puppen sind groß.	☐	☐
4	Clara bekommt zwanzig Spielzeugsoldaten.	☐	☐
5	Der Nussknacker ist sehr schön.	☐	☐
6	Clara findet den Nussknacker sehr schön.	☐	☐
7	Fritz findet den Nussknacker sehr schön.	☐	☐
8	Fritz wirft den Nussknacker auf den Boden.	☐	☐
9	Onkel Drosselmeyer trägt eine Schlinge.	☐	☐
10	Der Nussknacker ist endgültig kaputt.	☐	☐

Hören und Phonetik

2 **Hör zu und füg ein.**

ei ie	a e i o u	ä ö ü

1 W.......ßt du, was ....n Nussknacker ist?

2 Wir ben.......tzen es, um N.......sse zu kn.......cken.

3 Es g.......bt v.......le verschiedene Nussknacker.

4 Sie k.......nnen S.......ldaten, Ritter oder T.......re sein.

5 Du m.......sst die N.......ss in den M.......nd stecken.

6 Nussknacker sind weltw.......t als W.......hnachtsdekoration ber.......hmt.

7 In der N.......he von Washington, USA, g.......bt es ein Nussknackermuseum.

8 Das Nussknackermuseum hat m.......hr als 5000 St.......cke.

Grammatik

3 **Ergänze mit trennbaren Verben.**

1 Onkel Drosselmeyer öffnet zwei rote Schachteln und ....
   zwei große Puppen ....

2 Der Mann trägt einen Anzug, und die Frau .... ein
   Abendkleid ....

3 Onkel Drosselmeyer .... Clara, Fritz und die anderen
   Kinder ....

4 Fritz .... sein Geschenk ....

5 Clara .... ganz langsam die Schachtel ....

6 Clara ist sehr böse und .... zu weinen.

4 **Wortsalat. Bilde Sätze mit trennbaren Verben.**

1 alle / Onkel / anblicken / Drosselmeyer
   Alle ....

2 herausnehmen / Puppen / zwei / er
   ....

3 Puppen / aussehen / die / Menschen / wie / die
   Die Puppen ....

4 sein / Fritz / Geschenk / auspacken
   ....

5 Clara / vorsichtig / Nussknacker / anschauen / den
   ....

6 Fritz / zurückgeben / den / Clara / Nussknacker / nicht
   Fritz ....

Wortschatz

5 Wie lautet das Gegenteil? Ordne zu.

1	☐ schön	**a**	klein
2	☐ lachen	**b**	hässlich
3	☐ groß	**c**	kalt
4	☐ lang	**d**	aufhören
5	☐ anfangen	**e**	kurz
6	☐ warm	**f**	weinen

6 Spielzeug und Geschenke. Was möchtest du bekommen? Mach deine Liste und vergleiche sie mit deinen Mitschülern. Sind diese Ideen modern oder altmodisch?

☐ Einen Puppenwagen;
☐ eine elektrische Spielzeugeisenbahn;
☐ eine Xbox;
☐ einen Fußball;
☐ einen alten Baukasten;
☐ eine Lego Polizeistation;
☐ einen Mp3 Player;
☐ ein Playmobil Einfamilienhaus;
☐ Transformerfiguren;
☐ eine Wasserpistole;
☐ ein Dreirad;
☐ einen Hund;

☐ ein Handy;
☐ ein Mountainbike;
☐ ein Buch;
☐ eine PS3;
☐ eine Tischtennisplatte;
☐ Computerspiele;
☐ ein Brettspiel;
☐ eine elektrische Gitarre;
☐ PC Lautsprecher;
☐ einen Motorroller;
☐ ein Skateboard;
☐ ein Notebook;
☐ eine Tasche.

7 Kreuzworträtsel. Die Familie.

1   Der Sohn von deinen Eltern.
2   Die Tochter von deiner Tante und deinem Onkel.
3   So nennst du die Mutter von deiner Mutter.
4   Der Bruder von deinem Vater.
5   Die Tochter von deinen Eltern.
6   So nennst du den Vater von deinem Vater.
7   Zwei Personen mit denselben Eltern.
8   Deine Großmutter und dein Großvater.
9   So nennst du deinen Vater.
10   Sie und dein Vater sind deine Eltern.
11   Deine Mutter und dein Vater.
12   Die Schwester von deiner Mutter.
13   Er und deine Großmutter sind deine Großeltern.
14   Er und deine Mutter sind deine Eltern.
15   So nennst du deine Mutter.
16   Sie und dein Großvater sind deine Großeltern.

Lesen und Verstehen

8 Lies den folgenden Text über die Weihnachtszeit in Deutschland und antworte dann auf die Fragen zum Text. Was ist richtig (R)? Was ist falsch (F)?

Die Weihnachtszeit in Deutschland

In Deutschland ist Weihnachten sehr wichtig. Im Dezember findet man in allen Städten Weihnachtsmärkte mit Weihnachtsbäumen.

Die Familien schmücken den Tannenbaum am 24. Dezember mit Kugeln, Perlenketten und Weihnachtsfiguren. Ein Stern oder ein Engel kommt auf die Baumspitze. Am Abend findet die Weihnachtsbescherung statt. Alle bekommen Geschenke.

Auch der 6. Dezember ist in Deutschland wichtig: Kinder feiern Nikolaustag. Am 5. Dezember lassen sie ihre Schuhe draußen vor der Tür. Am nächsten Morgen sind sie voll mit Süßigkeiten und Geschenken. Aber böse Kinder bekommen Kohle!

	R	F
1 Weihnachten ist nicht in allen Städten wichtig.	☐	☐
2 Auf dem Weihnachtsmarkt gibt es Weihnachtsbäume.	☐	☐
3 Auf die Baumspitze kommt nur ein Stern.	☐	☐
4 Nur Kinder bekommen Geschenke.	☐	☐
5 Kinder feiern Nikolaustag am 5. Dezember.	☐	☐
6 Böse Kinder bekommen am 6. Dezember Kohle.	☐	☐

Sprich dich aus

9 Was machst du an Weihnachten? Bist du bei deinen Großeltern eingeladen? Packst du deine Geschenke am 24. oder am 25. Dezember aus? Schmückt deine Familie einen Tannenbaum? Bleibst du in deiner Stadt oder machst du eine Reise? Erzähle deinem Partner.

Nürnberger Christkindlesmarkt.

Die Stadt Nürnberg

Diese Geschichte *Nußknacker und Mausekönig* spielt im 19. Jahrhundert in Nürnberg. Diese Stadt liegt in Süddeutschland und ist sehr schön. Die Gebäude im Stadtzentrum sind alt und es gibt sehr viele Denkmäler [1].

Im Sommer ist es warm, aber im Winter ist es kalt und es schneit oft. Nürnberg ist für seinen Weihnachtsmarkt [2] bekannt. Dort kann man Weihnachtsdekorationen, Spielzeug, Süßigkeiten, Speisen und Getränke kaufen. Jedes Jahr findet hier auch eine Spielwarenmesse statt. Diese Messe ist sehr wichtig: Spielwarenhersteller [3] aus der

---

1. **s Denkmal (¨-er/-e):** Monument.
2. **r Weihnachtsmarkt (¨-e):** traditionell „Christkindlesmarkt" genannt.
3. **r Spielwarenhersteller (-):** wer Spielsachen macht.

ganzen Welt treffen sich in Nürnberg und stellen ihre neuen Spielsachen aus [4].

Alles über Nürnberg

Die Nürnberger Burg.

Einwohner: ca. 500 000

Berühmte Bürger:

– Albrecht Dürer (1471-1528):
  Maler und Künstler

– Johann Pachelbel (1653-1706):
  Musiker und Komponist

Produkte: Nürnberger Lebkuchen, auch Pfefferkuchen genannt, Nürnberger Rostbratwurst, Uhren, Spielwaren

Sehenswürdigkeiten [5]: die Nürnberger Burg, der Hauptmarkt, der Schöne Brunnen

Fragen zum Text

1 **Was ist richtig (R), was ist falsch (F)?**

		R	F
1	Alle Gebäude in Nürnberg sind modern.	☐	☐
2	In Nürnberg findet ein Weihnachtsmarkt statt.	☐	☐
3	Man kann dort Kleidung und Schuhe kaufen.	☐	☐
4	Auf der Spielwarenmesse kann man neue Spielsachen finden.	☐	☐
5	Die Stadt Nürnberg hat keine berühmten Bürger.	☐	☐
6	Die Nürnberger Burg heißt „Hauptmarkt".	☐	☐

4. **ausstellen**: auf der Messe zeigen.
5. **e Sehenswürdigkeit (-en)**: Touristenattraktionen.

Mitternachtszauber

ach der Feier sind Clara und Fritz müde und gehen nach oben zu Bett. Aber Clara kann nicht schlafen. Sie denkt an ihren Nussknacker und seinen Arm. Der Arm vom Nussknacker ist nämlich gebrochen. Sie ist sehr traurig.

„Wie geht es meinem Nussknacker?", denkt sie.

„Schläft er? Ich kann nicht bis morgen früh warten. Ich möchte ihn jetzt sehen."

Clara steht auf und zieht ihre Hausschuhe an. Dann geht sie die Treppe runter. Im großen Haus ist es dunkel und still. Das Wohnzimmer und der Weihnachtsbaum sehen im Dunkeln seltsam aus. Auf dem Tisch liegen noch Kekse und ein Rest von dem Weihnachtskuchen.

„Ich habe Hunger", denkt Clara. „Ich nehme mir ein Stück Kuchen."

Sie schaut auf die Wanduhr, die in der Ecke vom Wohnzimmer an der Wand hängt. Es ist Mitternacht. Plötzlich passiert etwas Seltsames: der Tisch wird groß und größer.

„Was ist denn mit dem Tisch los?", denkt sie.

Dann schaut sie zum Weihnachtsbaum und sieht, dass der auch immer größer wird. Auf einmal ist im Wohnzimmer alles riesig [1] und Clara sehr klein.

---

1. **riesig**: sehr groß, groß wie ein Riese.

„Warum ist alles so groß?", denkt sie. „Und warum bin ich so klein?" Clara hat Angst.

Sie hört ein Geräusch hinter sich und dreht sich um. Schnell versteckt sie sich unter dem Tisch. Noch einmal hört sie das Geräusch. Und plötzlich sieht sie viele Mäuse. Die Mäuse sind sehr groß und haben einen Schwanz. Die Schwänze sind sehr lang. Die Mäuse rennen ins Wohnzimmer. Der Mausekönig führt sie an: Er ist ihr Kapitän. Der Mausekönig sieht furchtbar aus.

„Ach, du lieber Himmel!", denkt sie, „diese Mäuse sind unglaublich groß! Und sie sehen nicht freundlich aus."

Der König und die Mäuse springen auf den Tisch und fangen an, den Weihnachtskuchen und die Kekse zu essen. Clara bleibt in ihrem Versteck unter dem Tisch und weiß nicht, was sie machen soll.

Der Mausekönig sieht Clara und läuft auf sie zu.

„Oh nein!", schreit sie, „wohin soll ich nun laufen?"

Plötzlich hört sie ein Geräusch, das aus der Ecke vom Wohnzimmer kommt. Clara dreht sich um: die Spielzeugsoldaten von Fritz marschieren durch das Wohnzimmer. Sie haben einen Helm, eine Jacke und eine Hose an. Die Hosen sind blau und die Jacken rot.

„Das sind die Spielzeugsoldaten von Fritz!", sagt Clara fröhlich. „Sie kommen, um mir zu helfen!"

Die Spielzeugsoldaten laufen auf die Mäuse zu und die Mäuse auf die Spielzeugsoldaten.

„Jetzt beginnt der Kampf", denkt Clara und schaut erstaunt zu.

Es ist sehr laut und der Nussknacker wird wach.

„Was ist denn los?", denkt er.

Er steht schnell auf und geht zu den Spielzeugsoldaten.

„Ich bin Kapitän Nussknacker, und jetzt bin ich euer Kapitän", sagt er. „Kommt! Jetzt kämpfen wir zusammen gegen die Mäuse! Folgt mir!"

„Also los!", rufen die Spielzeugsoldaten fröhlich.

Sie folgen dem Kapitän und fangen an, gegen die Mäuse zu kämpfen. Der Kampf geht um den Weihnachtsbaum herum und um den Tisch. Sie kämpfen in den Ecken vom Wohnzimmer, wo es dunkel ist. Die Spielzeugsoldaten sind gute Kämpfer, aber einige stolpern über die Mäuseschwänze. Es ist sehr laut.

Der Nussknacker und der Mausekönig kämpfen gegeneinander und benutzen ihre Schwerter. Sie kämpfen überall im Wohnzimmer und laufen von einer Ecke in die andere. Dann geht der Kampf um den Weihnachtsbaum herum. Sie sind sehr laut. Der Mausekönig ist sehr stark, und der Nussknacker ist sehr tapfer. Aber der Nussknacker fällt auf den Schwanz von dem Mausekönig.

„Oh, mein armer Nussknacker!", sagt Clara. „Ich muss ihm helfen, aber wie?"

Sie denkt kurz nach und nimmt dann ihren Hausschuh und wirft ihn gegen den Mausekönig. Der Schuh trifft den Mausekönig am Kopf. Er fällt zu Boden und bewegt sich nicht mehr.

„Oh nein!", rufen die Mäuse.

Sie laufen zu ihm.

„Der König ist verletzt", sagt eine Maus traurig. „Er bewegt sich nicht. Wir müssen ihn nach Hause bringen."

Die Mäuse tragen den König aus dem Wohnzimmer.

„Hurra! Hurra!", rufen die Spielzeugsoldaten.

Ein Soldat schießt mit der Spielzeugkanone. PENG! Es folgt ein sehr lautes Geräusch und im Raum gibt es viel Rauch. Die Mäuse haben Angst und laufen weg.

Mit den Händen hält Clara sich die Augen zu, aber nur für ein paar Sekunden.

„Ich habe Angst, die Augen aufzumachen", denkt sie. „Was ist denn hier los? Es ist so laut, und ich rieche Rauch. Wo ist mein lieber Nussknacker?"

Was steht im Text?

Textverständnis

1 Wie geht der Satz weiter? Kreuze die richtige Lösung an.

1 Nach der Feier gehen Clara und Fritz zu Bett, ...
   - a ☐ aber beide können nicht schlafen.
   - b ☐ denn sie sind müde.
   - c ☐ aber Clara kann nicht schlafen.

2 Clara geht die Treppe runter, ...
   - a ☐ um sich den Weihnachtsbaum anzuschauen.
   - b ☐ um den Nussknacker zu sehen.
   - c ☐ um ein Stück Kuchen zu essen.

3 Um Mitternacht wird...
   - a ☐ der Tisch größer.
   - b ☐ Clara größer.
   - c ☐ Clara kleiner.

4 Clara hat Angst und...
   - a ☐ kehrt ins Bett zurück.
   - b ☐ versteckt sich.
   - c ☐ macht ein Geräusch.

5 Die Spielzeugsoldaten kämpfen gegen...
   - a ☐ die Mäuse.
   - b ☐ Clara.
   - c ☐ den Nussknacker.

6 Der Nussknacker stolpert über den Schwanz von dem Mausekönig und...
   - a ☐ trifft den Mausekönig am Kopf.
   - b ☐ fällt zu Boden und bewegt sich nicht mehr.
   - c ☐ verletzt sich am Arm.

Sprich dich aus

2 Clara und Fritz leben in einem großen Haus, und ihr Wohnzimmer ist sehr schön. Wie ist dein Haus oder deine Wohnung? Groß oder klein? Hat es/sie viele Räume? Wie ist dein Zimmer? Ist es groß? Welches ist dein Lieblingszimmer? Warum? Was machst du dort? Erzähle deinem Partner.

Wortschatz

3 Am Ende sagt Clara: „Was ist denn hier los? Es ist so laut, und ich rieche Rauch". Kennst du die fünf Sinne? Sieh dir die Tabelle an und ergänze die Sätze.

Sinn	Verb	Organ
das Sehen/die Sehkraft	sehen	das Auge (-n)
das Gehör	hören	das Ohr (-en)
der Geschmack	schmecken	die Zunge (-n)/ der Gaumen (-)
der Geruch/der Geruchssinn	riechen	die Nase (-n)
der Tastsinn	tasten/ anfassen	der Finger (-)/ die Hand (¨-e)

1   Diese Torte ist lecker! Sie .... sehr gut.

2   Was ist das? Ich .... Rauch? Ist der Braten noch im Ofen?

3   Er hat Probleme mit den .... : Ohne Brille kann er nicht gut sehen.

4   Diese Seide .... sich weich .... Wo hast du sie gekauft?

5   Die Musik ist zu laut. Ich kann dich nicht ....

6   Ach, dieser Nebel! Ich .... nichts!

7   Sie geht morgen zum Ohrenarzt. Ihr tut das rechte .... weh.

8   Du musst alles essen, nicht nur was dir ....

Der Prinz

lara hat immer noch die Hände vor den Augen. Der
Rauch und das Geräusch sind jetzt weg. Alles ist ruhig.
„Vielleicht kann ich jetzt die Augen wieder
aufmachen", denkt sie. Langsam nimmt sie die Hände
vom Gesicht und macht die Augen auf. Sie schaut sich
um und ist sehr überrascht.

„Träume ich?", denkt sie. „Ich bin nicht mehr im Wohnzimmer.
Wo bin ich? Das ist Zauberei [1]!"

Clara ist nicht im Wohnzimmer. Sie befindet sich in einem
Zauberwald mit vielen Bäumen. Überall liegt Schnee, und hoch
am Himmel scheint der Mond. Sie sieht einen Schlitten mit zwei
Pferden. Die Pferde sind weiß.

Ein Junge sitzt auf dem Schlitten. Er ist sehr schön.

„Hallo, Clara!", ruft er.

„Woher weißt du meinen Namen?", fragt Clara.

Der Junge lächelt.

„Wer bist du?", fragt Clara.

---

1. **e Zauberei:** Magie.

„Weißt du das nicht?", sagt der Junge. „Oh Clara, der Fluch [2] ist gebrochen [3]!"

„Ein Fluch?", sagt Clara. „Ich verstehe nicht."

„Ich bin ein Prinz", sagt der Junge lächelnd.

„Ein Prinz?", fragt Clara sanft.

„Genau, ich bin ein Prinz", erklärt der Junge. „Manchmal spricht der Mausekönig einen Fluch gegen jemanden aus. Nur die Liebe kann den Fluch brechen."

Sie schaut ihn sich gut an. Dann sieht sie sich seine Kleider an. Sie sind sehr schön und teuer.

Plötzlich ruft sie: „Ich kenne dich! Du bist der Nussknacker. Mein Nussknacker aus Holz!"

„Genau!", antwortet der Prinz. „Und jetzt werde ich nie mehr ein Nussknacker sein. Deine Liebe hat aus mir einen Prinzen gemacht — *deinen Prinzen!*"

So überrascht ist Clara, dass sie nicht sprechen kann. Sie schaut zu dem Prinzen und lächelt.

„Ich danke dir, dass du den Fluch gebrochen hast", sagt der Prinz. „Ich möchte dich jetzt zu meinem Schloss führen."

„Du hast ein Schloss?", fragt Clara erstaunt.

„Natürlich habe ich ein Schloss", sagt der Prinz. „Ich bin der Prinz aus dem Land der Süßigkeiten."

„Das Land der Süßigkeiten!", sagt Clara. „Der Name von deinem Land ist wirklich sehr schön!"

„Mein Land ist wunderschön", sagt der Prinz. „Komm! Setz dich neben mich auf den Schlitten. Ich werde dich ins Land der Süßigkeiten bringen!"

---

2. **r Fluch (¨-e):** ein Zauberwort, das böse Folgen hat.
3. **der Fluch ist gebrochen:** der Fluch ist vorbei.

Der Prinz

Clara steigt auf den Schlitten und setzt sich auf ein Kissen. Das Kissen ist gelb und sehr weich. Clara sitzt neben dem Prinzen. Und dann fliegt der Schlitten am Himmel durch die Nacht.

„Das ist aber aufregend", sagt Clara. „Wir fliegen an dem Mond und an den Sternen vorbei."

„Kannst du das Schloss da unten sehen?", fragt der Prinz und zeigt mit dem Finger auf einen Palast. Neben dem Palast gibt es einen See.

„Ja, ich sehe das Schloss, und ich sehe auch den See."

Das Schloss sieht wie ein riesiger Geburtstagskuchen aus. Rosa, Gelb, Blau, Grün, Orange und Braun sind seine Farben!

„Das ist das Schloss vom Land der Süßigkeiten!", sagt der Prinz zufrieden. „Es ist aus Zucker, Süßigkeiten, Schokolade und Pfefferminzstäbchen gebaut. Im Garten gibt es viele Überraschungen, und sie haben alle eine magische Kraft. In diesem Land sind alle fröhlich."

„Märchenhaft!", sagt Clara.

„Heute werde ich dir Gerhard vorstellen", erklärt der Prinz.

„Wer ist Gerhard?", fragt Clara.

„Er ist sehr wichtig für mich", sagt der Prinz. „Er ist für mich wie ein Großvater. Ich bin oft nicht da, und dann passt Gerhard auf das Schloss auf."

„Dein Schloss ist sehr groß", sagt Clara.

„Ja, es ist sehr groß", sagt der Prinz. „Es hat hundert Räume."

„Hundert Räume!", sagt Clara überrascht. „In meinem Haus in Nürnberg haben wir nur zwölf Zimmer."

Sie steigen vom Schlitten. Es schneit. Überall tanzen Schneeflocken.

„Die Schneeflocken tanzen um uns herum", sagt Clara. „Wie schön!"

Clara und der Prinz stehen jetzt vor dem Schlosstor. Das Tor ist sehr groß und rosa, und es ist aus Zucker und Schokolade. Sechs Affen stehen am Tor. Sie tragen eine Jacke. Die Affen begrüßen den Prinzen mit einem Lied.

„Hallo, meine Freunde!", sagt der Prinz. „Dankeschön für das Lied."

Clara und der Prinz gehen in den Garten. An den Bäumen hängen Früchte aus Gold, und überall klingt Musik. Die Blumen sind aus Schokolade und Süßkirschen. Sie spazieren einen Bach entlang.

„Das ist der Orangenbach", erklärt der Prinz. „In diesem Bach fließt Orangensaft."

„Und es riecht auch so schön nach Orangen", sagt Clara.

„Und das sind Marmeladenbäume", erklärt der Prinz weiter und zeigt auf einige Bäume neben dem Bach. „Das ist ein Baum aus Erdbeermarmelade und der andere da ist aus Aprikosenmarmelade."

„Meine Lieblingsmarmeladen!", sagt Clara.

Als sie zum Schloss zurückgehen, werden sie von einem Mann begrüßt. Seine Haare sind lang und weiß. Der Mann ist groß. Er trägt eine Jacke. Die Jacke ist lang und ihre Farben sind Rot und Gold.

„Willkommen zu Hause, mein lieber Prinz", sagt er. „Alle freuen sich, dass der Fluch gebrochen ist." Der Mann schaut zu Clara und lächelt.

„Vielen Dank, Gerhard", antwortet der Prinz.

„Und jetzt feiern wir. Wir haben eine Aufführung für dich vorbereitet", sagt Gerhard. „Wir haben Tänzer hierher [4] gerufen. Sie sind sehr gut und ihre Kostüme sind wunderschön. Es gibt auch Musik! Und nun, setz dich auf den Thron, und viel Spaß!"

---

4. **hierher**: zum Schloss.

Was steht **im Text?**

Textverständnis

1 Ergänze die folgenden Sätze mit den Satzteilen unten.

1 ☐ Clara nimmt die Hände vom Gesicht...
2 ☐ Der Junge auf dem Schlitten...
3 ☐ Der Mausekönig...
4 ☐ Der Prinz hat...
5 ☐ Es gibt viele magische Überraschungen...
6 ☐ Sechs Affen singen...

a spricht manchmal einen Fluch gegen jemanden aus.
b am Tor.
c und sieht einen Zauberwald.
d ein Schloss im Land der Süßigkeiten.
e ist ein Prinz.
f im Garten.

Wortschatz

2 Alles im Land der Süßigkeiten ist wie in einem Märchen und hat schöne Farben. Ordne zu.

1 ☐ Das Kissen ist...
2 ☐ Das Schloss ist...
3 ☐ Das Schloss ist aus...
4 ☐ Das Tor ist...
5 ☐ Das Tor ist aus...
6 ☐ Die Blumen sind aus...
7 ☐ Die Bäume sind aus...
8 ☐ Die Haare von dem Mann sind...

a sehr groß und rosa.
b gelb und sehr weich.
c Erdbeer- und Aprikosenmarmelade.
d rosa, gelb, blau, grün, orange und braun.
e lang und weiß.
f Schokolade und Süßkirschen.
g Zucker, Süßigkeiten, Schokolade und Pfefferminzstäbchen.
h Zucker und Schokolade.

3 Das Land der Süßigkeiten ist ein Märchenland. Aber wie sieht die Wirklichkeit aus? Füge das richtige Wort ein.

> Wächter   fahren   Stein   Farben   Wasser   Eisen

1   Ein Schloss ist aus .... und nicht aus Süßigkeiten gebaut.

2   Ein Tor ist aus .... und nicht aus Zucker und Schokolade.

3   An einem Tor stehen .... und keine Affen.

4   Früchte sind aus verschiedenen .... und nicht aus Gold.

5   In einem Bach fließt .... und kein Orangensaft.

6   Einen Schlitten benutzt man um zu .... und nicht um zu fliegen.

Grammatik

4 Können + Infinitiv. Füge das richtige Wort ein.

1   „Vielleicht .... ich jetzt die Augen wieder aufmachen", denkt Clara.

2   Nur die Liebe .... den Fluch brechen.

3   Clara ist überrascht und sie .... nicht sprechen.

4   „......................... du das Schloss da unten sehen?", fragt der Prinz.

5   Die Affen .... singen.

6   Der Schlitten .... fliegen.

7   Wir .... nicht singen, aber meine Brüder .... sehr gut Flöte spielen.

8   Ihr seid sehr müde, aber ihr .... nicht schlafen: ihr leidet an Schlaflosigkeit.

▶▶▶ **INTERNET**PROJEKT ◀◀◀

Eine Reise nach Nürnberg

Öffne die Webseite www.blackcat-cideb.com. Klicke auf Deutsch.
Gehe auf den Menüpunkt *Katalog – Deutsch*, dann auf *Lesen und
Üben*. Suche den Titel „Der Nussknacker", und du bekommst die
genaue Link-Angabe unter dem Menüpunkt *Internetprojekt*.
Teilt eure Klasse in drei Gruppen auf. Jede Gruppe wählt ein Bild,
beschreibt es schriftlich mit drei Sätzen und liest sie dann vor.
Können die anderen Gruppen das Bild erraten?

Sammle Informationen zu einer Sehenswürdigkeit und schreibe dann
einen kurzen Text darüber. Lies jetzt deinen Text der Klasse vor.

Das Land der Süßigkeiten

lle sitzen im Thronsaal. Ein Orchester macht Musik.
Die Musik ist sehr schön. Man spielt Violine, Hörner
und Klavier. Die Aufführung fängt an.

„Ich erkläre euch jetzt das Programm", sagt
Gerhard. „Die Zuckerpflaumen-Fee erscheint als
Erste."

Die Zuckerpflaumen-Fee ist die Lieblingstänzerin vom Prinzen.
Sie trägt ein Kostüm und Tanzschuhe. Das Kostüm ist weiß und
die Tanzschuhe sind rosa. Sie tanzt mit einem Mann. Der Mann ist
sehr schön, und auch er hat ein Tänzerkostüm an. Es ist blau. Die
Musik ist wunderschön, alle schauen auf die Tänzer, hören zu und
sind still. Der Tanz geht zu Ende und alle klatschen.

„Dieser Tanz ist wunderschön", sagt Clara und klatscht in die
Hände.

„Ja, die Zuckerpflaumen-Fee tanzt sehr gut", sagt der Prinz.

„Und jetzt kommt der spanische Tanz", sagt Gerhard. „Hör dir
die Musik aufmerksam an: Sie ist fantastisch."

KAPITEL 5

Es gibt ganz viele Tänzer, Männer und Frauen, und sie kommen aus Spanien. Ihre Haare sind dunkel und die Augen schwarz. Die Frauen tragen Röcke und Tanzschuhe. Die Röcke sind lang und rot, und auch die Schuhe sind rot. Die Männer tragen Hemden und Hosen. Die Hemden sind weiß und die Hosen schwarz. Sie bewegen sich alle sehr schnell und folgen dem Rhythmus von der Musik. Am Ende schenken sie Clara und dem Prinzen Schokolade zum Essen.

„In Spanien gibt es sehr gute Schokolade", erklärt einer von den Tänzern.

„Das nächste Stück ist der arabische Tanz", sagt Gerhard.

Die Tänzer sind Männer und Frauen. Das Kostüm von den Frauen ist lang und weiß, und ihre Tanzschuhe sind schwarz. Die Hemden und die Hosen von den Männern sind weiß. Die Musik ist sehr schön, und die Tänzer bewegen sich langsam. Nach ihrem Tanz schenken sie Clara und dem Prinzen Kaffee.

„Der Kaffee kommt aus Arabien", erklärt einer von den Tänzern.

„Mir gefällt diese Aufführung", sagt Clara fröhlich.

„Und jetzt kommen die Kosaken. Ihr Tanz heißt der russische Tanz", sagt Gerhard lächelnd.

Zehn Männer fangen an zu tanzen und werfen die Beine in die Luft. Dann springen sie sehr hoch und drehen sich viele Male um sich selbst. Die Kostüme und die Hüte von den Kosaken sind bunt. Die Musik ist laut und schnell.

„Sie haben etwas Magisches", sagt Clara.

„Sie sind magisch", sagt der Prinz. „Schau, wie sie tanzen!"

Nach dem Tanz schenken die Kosaken Clara und dem Prinzen Pfefferminzstäbchen. Sie sind rot und weiß.

„Diese Pfefferminzstäbchen sind ein Geschenk für euch", sagt einer von den Tänzern.

„Und jetzt kommt der chinesische Tanz", sagt Gerhard.

In dieser Gruppe gibt es nur Frauen, und der Tanz ist wunderschön. Die Kostüme von den Chinesinnen sind rot und golden, und die Musik ist bezaubernd schön. Sie tanzen durch den ganzen Thronsaal. Dann schenken die Frauen Clara und dem Prinzen Schachteln aus Holz. In den Schachteln ist Tee.

„Wir haben Tee für euch aus China mitgebracht; der Tee in unserem Land ist grün und schwarz", sagt eine von den Tänzerinnen. „In China trinken wir viel Tee."

„Der Blumenwalzer ist das letzte Stück für heute Abend", sagt Gerhard. Das Orchester fängt an zu spielen. Die Musik ist sanft. Zwanzig Tänzer kommen in den Thronsaal. Sie tragen Kostüme in verschiedenen Farben, und sie fangen an zu tanzen.

„Die Tänzer sehen wie Blumen aus", sagt Clara.

„Ja, das stimmt", sagt der Prinz.

Nach dem Tanz schenkt jeder Tänzer Clara und dem Prinzen eine Blume aus Süßkirschen und Schokolade.

„Willkommen im Land der Süßigkeiten", sagen sie.

„Vielen Dank", antwortet Clara. „Ich bedanke mich für die Aufführung und die Geschenke. Alles ist wunderschön. Ich bin sehr glücklich."

„Ja, vielen Dank, jedem von euch", sagt der Prinz lächelnd.

Was steht **im Text?**

Textverständnis

1 **Wie geht der Satz weiter? Kreuze die richtige Lösung an.**

1 Die Zuckerpflaumen-Fee tanzt...
- **a** ☐ alleine.
- **b** ☐ mit einem Mann.
- **c** ☐ mit dem Prinzen.

2 Clara freut sich und klatscht in die Hände: Sie...
- **a** ☐ mag den Prinzen.
- **b** ☐ ist froh.
- **c** ☐ mag die Aufführung.

3 Die spanischen Tänzer...
- **a** ☐ sind alle Männer.
- **b** ☐ tanzen sehr schnell.
- **c** ☐ essen Schokolade.

4 Die arabischen Tänzerinnen tragen...
- **a** ☐ Kostüme.
- **b** ☐ keine Tanzschuhe.
- **c** ☐ Hosen und Hemden.

5 Die Kosaken...
- **a** ☐ tanzen den russischen Tanz.
- **b** ☐ tragen keine Hüte.
- **c** ☐ schenken Clara und dem Prinzen Kaffee (zum Trinken).

6 Die Chinesinnen...
- **a** ☐ tragen weiße Kostüme.
- **b** ☐ tragen rote und goldene Kostüme.
- **c** ☐ tragen Hemden und Hosen.

7 Der Blumenwalzer...
- **a** ☐ ist das erste Stück.
- **b** ☐ ist sehr schnell.
- **c** ☐ ist sanft.

8 Clara und der Prinz...

    a ☐ bedanken sich für die Aufführung und die Geschenke.

    b ☐ lachen.

    c ☐ sprechen nicht.

Wortschatz

2 **Die Tänzer und Tänzerinnen tragen wunderschöne Kostüme. Kannst du sie beschreiben?**

Zuckerpflaumen-Fee

a Sie trägt ein Kostüm und .... Das Kostüm ist weiß, und die Tanzschue sind .... Sie tanzt mit einem Mann. Der Mann ist sehr schön, und auch er hat ein .... an. Es ist blau.

Spanische Tänzer und Tänzerinnen

b Ihre Haare sind .... und die Augen .... Die Frauen tragen .... und .... Die .... sind lang und rot, und auch die Schuhe sind .... Die Männer tragen .... und .... Die Hemden sind .... und die .... schwarz.

Arabische Tänzer und Tänzerinnen

c Das .... von den Frauen ist lang und weiß, und ihre Tanzschuhe sind .... Die .... und die Hosen von den Männern sind weiß.

Kosaken

d Die Kostüme und die .... von den Kosaken sind bunt.

Chinesische Tänzerinnen

e Die Kostüme von den Chinesinnen sind .... und ....

Blumenwalzer

f Die Tänzer tragen Kostüme in verschiedenen ....

3 Im Thronsaal macht ein Orchester Musik. Man spielt Violine, Hörner und Klavier. Aber wie heißen diese Instrumente? Kennst du sie alle?

> die Harfe   die Gitarre   die Flöte
> die Klarinette   das Cello   die Trommel

| 1 | 2 | 3 |

| 4 | 5 | 6 |

4 Die Tänzer und Tänzerinnen kommen aus der ganzen Welt. Kennst du alle Länder?

1 Die Tänzer und Tänzerinnen von dem spanischen Tanz kommen aus ....

2 Die Tänzer und Tänzerinnen von dem arabischen Tanz kommen aus ....

3 Die Kosaken kommen aus ....

4 Die Tänzerinnen von dem chinesischen Tanz kommen aus ....

Sprich dich aus

5 **Was trägst du üblicherweise? Arbeite mit deinem Partner, und beantworte die folgenden Fragen.**

1 Was trägst du heute?

2 Was trägst du am Wochenende?

3 Was für Kleider magst du?

4 Und was für Kleider magst du nicht?

6 **Arbeite mit deinem Partner, und beantworte die folgenden Fragen. Magst du Musik?**

1 Spielst du ein Musikinstrument?

2 Möchtest du eins spielen?

3 Hörst du gern Musik?

4 Was für Musik magst du?

Hören und verstehen

7 **Hör zu und füg ein.**

1 Die Zuckerpflaumen-Fee ist die Lieblingstänzerin vom
....

2 Es gibt ganz viele Tänzer, ... und Frauen.

3 In Spanien gibt es sehr gute ....

4 Der Kaffee kommt aus ....

5 Diese Pfefferminzstäbchen sind ein .... für euch.

6 In .... trinken wir viel Tee.

7 Die Tänzer sehen wie .... aus.

8 Clara bedankt sich für die .... und die
....

Eine Weihnachtspyramide aus dem Erzgebirge.

Das Erzgebirge

Das Erzgebirge ist ein Mittelgebirge und liegt an der Grenze zwischen Deutschland und Tschechien im Bundesland Sachsen. Sein Name erinnert an Metall. Vor vielen Hundert Jahren haben es die Männer aus dem Berg geholt. Als es keins mehr gab, haben sie begonnen, mit Holz zu arbeiten. Ihre Figuren sind sehr berühmt: in Deutschland, in Europa und auf der ganzen Welt. Überall kennt man den Nussknacker. Er ist eine Märchenfigur und hat auch einen Komponisten aus Russland, Tschaikowski, inspiriert. Er hat aus dem Märchen ein Ballett gemacht.

Das Spielzeug aus dem Erzgebirge ist aus Holz, genau so wie der Weihnachtsschmuck. Schon in der Zeit vor Weihnachten können wir ihn in vielen Familien sehen. Im Winter stehen in den Wohnzimmern Räuchermännchen. Aus dem Mund vom Räuchermännchen kommt dann der Rauch.

Ein Räuchermännchen
aus dem Erzgebirge.

Ein Nussknacker aus
dem Erzgebirge.

Fragen zum **Text**

1 Beantworte die Fragen zum Text.

1 Wo liegt das Erzgebirge?
2 Woran erinnert sein Name?
3 Wann haben die Männer begonnen, mit Holz zu arbeiten?
4 Wo sind die Figuren berühmt?
5 Was ist der Nussknacker?
6 Wann kann man Weihnachtsschmuck in den Familien sehen?
7 Wo stehen Räuchermännchen?
8 Was kommt aus dem Mund vom Räuchermännchen?

Weihnachtsmorgen

Die Tänzer sitzen nach der Aufführung alle im 🔟 Thronsaal, unterhalten sich und lachen.

„Darf ich mit dir tanzen?", fragt der Prinz.

„Oh, ja!", antwortet Clara freudig.

Das Orchester beginnt zu spielen, und die beiden fangen an zu tanzen. Sie tanzen von einer Ecke in die andere und wieder zurück. Sie lachen und tanzen.

Die Musik geht zu Ende, und Clara und der Prinz setzen sich auf den Thron. Clara ist sehr müde und schafft es nicht, die Augen offen zu halten. Auf einmal schläft sie ein.

Man hört ein Geräusch an der Tür.

„Clara", sagt jemand. „Clara, schläfst du? Komm, wach auf!"

Clara wird wach. Sie sitzt neben dem Weihnachtsbaum im Wohnzimmer.

„Wo bin ich?", fragt sie halb wach. „Was ist mit mir passiert? Wo ist der Prinz?" Sie schaut sich im Wohnzimmer um. Aber niemand ist da.

„Clara", sagt jemand noch einmal. „Clara, wach auf!"

Onkel Drosselmeyer macht die Tür zum Wohnzimmer auf und kommt herein.

„Guten Morgen, Clara!", sagt er fröhlich. „Was machst du hier am Weihnachtsmorgen?"

„Oh... es ist Weihnachtsmorgen!", sagt Clara überrascht. „Frohe Weihnachten, Onkel Drosselmeyer."

„Frohe Weihnachten, Clara!", antwortet Onkel Drosselmeyer.

Clara schaut zum Weihnachtsbaum und sieht sich im Wohnzimmer um. Es ist leer. Sie blickt aus dem Fenster: Es schneit.

„Das ist nicht der Thronsaal", denkt sie. „Wo sind die Tänzer, und wo ist der Prinz?"

Alles ist still.

„Also ist das alles nur ein Traum gewesen...", sagt sie traurig.

„Ein Traum?", fragt Onkel Drosselmeyer.

Clara weiß nicht, was sie sagen soll. Sie wird rot im Gesicht und ist traurig.

„Ja, ein Traum — ein wunderschöner Traum vom Land der Süßigkeiten, und der Nussknacker war ein Prinz. Die Musik war so schön und die Tänzer so gut!", sagt Clara.

„Vielleicht war das alles nicht nur ein Traum", sagt Onkel Drosselmeyer und schaut zur Wohnzimmertür.

Clara dreht sich um und blickt zur Tür. Und wen sieht sie da? Den Nussknackerprinzen!

„Frohe Weihnachten, Clara", sagt der Prinz.

„Oh! Dann ist es kein Traum!", sagt Clara glücklich.

„Nein, Clara, ich bin ein *echter* Prinz", sagt er, und lächelt ihr zu.

„Ich freue mich so sehr, dass du echt bist", sagt Clara.

„Und ich bin der Onkel von dem Prinzen", sagt Drosselmeyer zufrieden. „Das ist ein magischer Weihnachtstag für alle!"

„Ja, das stimmt!", sagen Clara und der Prinz lächelnd.

Was steht **im Text ?**

Textverständnis

1 **Wie geht der Satz weiter? Kreuze die richtige Lösung an.**

1 Clara und der Prinz...

   a ☐ tanzen zusammen.

   b ☐ sitzen die ganze Zeit auf dem Thron.

   c ☐ schlafen ein.

2 Plötzlich...

   a ☐ verschwindet der Prinz.

   b ☐ macht Onkel Drosselmeyer die Tür zum Wohnzimmer auf und kommt herein.

   c ☐ ist das Wohnzimmer leer.

3 Es ist...

   a ☐ Weihnachtsmorgen.

   b ☐ Nacht.

   c ☐ sehr spät.

4 Clara blickt aus dem Fenster und sieht, dass...

   a ☐ es schneit.

   b ☐ es regnet.

   c ☐ die Sonne scheint.

5 Clara weiß nicht...

   a ☐ wo sie ist.

   b ☐ wo Onkel Drosselmeyer ist.

   c ☐ wo der Prinz ist.

6 Der Prinz ist...

   a ☐ nur ein Traum.

   b ☐ ein echter Prinz.

   c ☐ kein echter Prinz.

Grammatik

2 Clara fragt: „Wo bin ich?" und Onkel Drosselmeyer fragt: „Was machst du hier am Weihnachtsmorgen?". Sie stellen W-Fragen. Kannst du W-Fragen formulieren? Ergänze mit den korrekten Pronomen bzw. Adverbien und verbinde Fragen und Antworten.

1 ☐ .... tanzt mit Clara?

2 ☐ .... ist der Thron?

3 ☐ .... schafft Clara es nicht, die Augen offen zu halten?

4 ☐ .... hört Clara an der Tür?

5 ☐ Clara dreht sich um und blickt zur Tür. Und .... sieht sie da?

6 ☐ .... wacht Clara auf?

a Sie ist zu müde.

b Der Prinz.

c Den Nussknackerprinzen!

d Am Weihnachtsmorgen.

e Im Thronsaal.

f Ein Geräusch.

3 Und jetzt bist du dran: antworte frei. Dann vergleiche deine Antworten mit deinem Partner.

1 Wo wohnst du? ....

2 Wann bist du geboren? ....

3 Wer ist dein Lieblingssänger? ....

4 Was machst du am Sonntag? ....

5 Wen findest du interessant? ....

6 Warum lernst du Deutsch? ....

Hören und Phonetik

4 Hör zu und ergänze die Wörter mit den folgenden Konsonanten oder Gruppen von Konsonanten. Aber pass auf: Sind sie Groß- oder Kleinbuchstaben?

> sch sp st ch s k

1 Das Or.....ester beginnt zu spielen.

2 Clara und der Prinz .....etzen si..... auf den Thron.

3 Auf einmal .....läft sie ein.

4 „Clara," sagt jemand. „Clara, ...läfst du? .....omm, wa..... auf!"

> f v w

5 „......illkommen im Land der Süßigkeiten", sagen sie. „......ielen Dank", ant.....ortet Clara.

6 .....rohe .....eihnachten!

7 Die Aufführung .....ängt an. Man spielt .....ioline, Hörner und Klavier.

8 Es gibt ganz .....iele Tänzer, Männer und .....rauen.

Sprich dich aus

5 Clara war im Land der Süßigkeiten und alles war dort so schön und zauberhaft wie in einem Traum. Hast du auch einmal eine sehr schöne Erfahrung gemacht? Und hast du dich damals wie in einem Traum gefühlt? Erzähle.

Bildzusammenfassung

1 Diese Bilder kennst du. Sie beziehen sich auf die einzelnen Kapitel.
Bringe die Bilder in die richtige Reihenfolge und schreibe zu jedem
Bild zwei Sätze.

Textverständnis

2 **Was ist richtig (R), was ist falsch (F)?**

		R	F
1	E.T.A. Hoffmann ist der Autor von *Nußknacker und Mausekönig*.	☐	☐
2	Tschaikowski hat die Musik zum Ballett *Der Nussknacker* komponiert.	☐	☐
3	Nürnberg liegt in Ostdeutschland.	☐	☐
4	Clara und Fritz sind Cousin und Cousine.	☐	☐
5	Die Gäste sitzen im Wohnzimmer und essen Kuchen.	☐	☐
6	Onkel Drosselmeyer hat keine Geschenke für die Kinder.	☐	☐
7	Clara findet den Nussknacker hässlich.	☐	☐
8	Das Bein vom Nussknacker ist gebrochen.	☐	☐
9	Der Mausekönig ist schön und lustig.	☐	☐
10	Der Mausekönig ist der Kapitän von den Spielzeugsoldaten.	☐	☐
11	Der Nussknacker gewinnt den Kampf.	☐	☐
12	Clara und der Prinz fahren mit dem Schlitten einen Hügel hinunter.	☐	☐
13	Das Schloss vom Land der Süßigkeiten ist nur aus Schokolade gebaut.	☐	☐
14	Gerhard ist für den Prinzen wie ein Großvater.	☐	☐
15	Clara will Tänzerin werden.	☐	☐
16	Die spanischen Tänzer schenken Clara und dem Prinzen Kaffee.	☐	☐
17	Onkel Drosselmeyer ist der Vater von dem Prinzen.	☐	☐
18	Alles war nur ein Traum.	☐	☐